ICH SEHE
was du nicht siehst...
WEIHNACHTEN!

© Copyright by Pamparam Kinderbücher. Bilder Feepik.com oder lizenziert für die kommerzielle Nutzung. Alle Rechte vorbehalten.

ICH SEHE WAS DU NICHT SIEHST UND DAS MIT DER BUCHSTABE S BEGINNT

ICH SEHE WAS DU NICHT SIEHST UND DAS MIT DER BUCHSTABE H BEGINNT

ICH SEHE WAS DU NICHT SIEHST UND DAS MIT DER BUCHSTABE G BEGINNT

ICH SEHE WAS DU NICHT SIEHST UND DAS MIT DER BUCHSTABE B BEGINNT

Vogel!

ICH SEHE WAS DU NICHT SIEHST UND DAS MIT DER BUCHSTABE W BEGINNT

Weihnachtsman!

ICH SEHE WAS DU NICHT SIEHST UND DAS MIT DER BUCHSTABE E BEGINNT

ICH SEHE WAS DU NICHT SIEHST UND DAS MIT DER BUCHSTABE F BEGINNT

ICH SEHE WAS DU NICHT SIEHST UND DAS MIT DER BUCHSTABE E BEGINNT

ICH SEHE WAS DU NICHT SIEHST UND DAS MIT DER BUCHSTABE i BEGINNT

ICH SEHE WAS DU NICHT SIEHST UND DAS MIT DER BUCHSTABE F BEGINNT

ICH SEHE WAS DU NICHT SIEHST UND DAS MIT DER BUCHSTABE M BEGINNT

ICH SEHE WAS DU NICHT SIEHST UND DAS MIT DER BUCHSTABE R BEGINNT

Rentiere!

ICH SEHE WAS DU NICHT SIEHST UND DAS MIT DER BUCHSTABE S BEGINNT

Elf!

Ich sehe was du nicht siehst und das mit der Buchstabe B beginnt

www.ingramcontent.com/pod-product-compliance
Lightning Source LLC
Chambersburg PA
CBHW061114070526
44583CB00027B/3300